mars 7

CATALOGUE

D'UNE JOLIE COLLECTION

DE

TABLEAUX

ANCIENS,

des Écoles Française, Italienne, Espagnole,
Allemande & Anglaise

ARRIVANT D'ALLEMAGNE,

Et faisant le complément de la Galerie de M. P.... *(Berlin)*
[Passalaqua?]

DONT LA VENTE AURA LIEU

HOTEL DES VENTES MOBILIÈRES,

RUE DES JEUNEURS, N. 42,

Salle n. 1,

LES VENDREDI 18 ET SAMEDI 19 MARS 1853, A UNE HEURE,

Par le ministère de Mᵉ **BIDEL**, Commissaire-Priseur à Paris,
rue Saint-Honoré, 335,
Assisté de M. **FERDINAND LANEUVILLE**, Expert,
rue Neuve-des-Mathurins, 73,

Chez lesquels se distribue le présent Catalogue.

Exemplaire de Beurdeley père.

EXPOSITION PUBLIQUE

Le Jeudi 17 Mars 1853, de midi à 4 heures.

PARIS

MAULDE & RENOU,

IMPRIMEURS DE LA COMPAGNIE DES COMMISSAIRES-PRISEURS,
Rue de Rivoli prolongée.

1853

CONDITIONS DE LA VENTE.

Elle sera faite au comptant.
Les acquéreurs paieront cinq pour cent en sus des adjudications

AVERTISSEMENT.

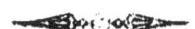

Les 148 Tableaux dont nous publions le catalogue, sont le complément de la galerie de M. P., amateur distingué d'une des capitales d'Allemagne.

Cette galerie de tableaux n'arrivant à Paris que quelques jours avant la vente, nous nous trouvons dans la nécessité, n'ayant pas vu les tableaux, de publier le catalogue tel qu'il nous a été adressé par M. P. ***; et, pour donner une juste idée de la loyauté avec laquelle le propriétaire de cette galerie l'a rédigé, nous ne pouvons mieux faire que de transcrire ici la note dont il a fait précéder ce catalogue :

« Les peintres ont été, je crois, consciencieusement
« attribués; cependant, tout en supposant les avoir
« signalés en connaissance de cause, je ne prétends
« nullement forcer l'opinion des amateurs et connais-
« seurs, je les prie donc de s'en référer, à ce sujet, à
« leur propre jugement. »

DÉSIGNATION
DES TABLEAUX

Écoles Italienne et Espagnole.

BARBIERI (François), dit le **GUERCHIN**.

1 — Les Frères de Joseph accusés de vol.
Bois.—Haut. 0 m. 48 c. Larg. 0 m. 61 c.

BERESTINI (Pierre), dit de **CORTONE**.

2 — Martyre de saint Procès et de saint Martinien.
Toile.—Haut. 0 m. 98 c. Larg. 0 m. 82 c.

DU MÊME.

3 — Retour de l'Enfant prodigue. Ebauche.
Toile.—Haut. 0 m. 65. Larg. 0 m 52 c.

BONDONE, dit GIOTTO.

4 — Saint Jean-Baptiste et un saint moine.
> Bois.—Haut. 0 m. 97 c. Larg. 0 m. 62 c.

DU MÊME.

5 — Deux saints, un cardinal et un moine. Pendant du précédent.
> Bois.—Même grandeur.

BONVINCINI (Alexandre), dit le MORETTO.

6 — Portrait d'un chevalier et de son fils.
> Toile.—Haut. 0 m. 95. Larg. 0 m. 78 c.

BOSSI (A.-G.), signé.

7 — Une jeune fille et un jeune garçon avec un panier de pommes devant eux.
> Toile.—Haut. 0 m. 97 c. Larg. 0 m. 84 c.

CALIARI (Paul), dit Paul VÉRONÈSE.

8 — Jeune fille. Etude.
> Toile.—Haut. 0 m. 78 c. Larg. 0 m. 62 c.

DU MÊME (attribué).

9 — Adoration des bergers.
> Toile.—Haut. 0 m. 74 c. Larg. 0 m. 58 c.

CANO (Alonzo), attribué.

10 — Moine en méditation.
>Toile.—Haut. 0 m. 42 c. Larg. 0 m. 32 c.

CARBACCI (Louis).

11 — Saint Charles Borromée adorant le Christ.
>Toile.—Haut. 1 m. 16 c. Larg. 1 m. 50 c.

CARRACCI (Annibal).

12 — L'Amour.
>Toile.—Haut. 0 m. 37. Larg. 0 m. 24 c.

DU MÊME.

13 — La Mort de Lucrèce.
>Toile.—Haut. 1 m. 16. Larg. 0 m. 82 c.

CARRACCI (d'après Corrège).

14 — Saint Jean précurseur.
>Toile —Haut. 2 m. 7. Larg. 1 m. 26 c.

CARUCCI (Jacques), dit LE PONTORMO.

15 — Portrait d'une dame vénitienne.
>Toile.—Haut. 1 m. 2 c. Larg. 0 m. 85 c.

CERQUOZZI (Michel-Ange), dit des BATAILLES.

16 — Fruits et animaux.
> Toile.—Haut. 1 m. 21 c. Larg. 0 m. 98 c.

CIGNANI (Carlo).

17 — Sainte Famille. l'Enfant-Jésus dans les bras de sa mère, pose une couronne de rose sur la tête d'une sainte.
> Toile.—Haut. 0 m. 82 c. Larg. 0 m. 64 c.

CORRÈGE (École).

18 — La Vierge et l'Enfant-Jésus.
> Toile.—Haut. 0 m. 71 c. Larg. 0 m. 58 c.

DOLCI (Carlo).

19 — Saint Jérôme, vu à mi-corps.
> Bois.—Forme ronde.

DU MÊME.

20 — Saint Luc. Pendant du précédent.
> Même forme.

DU MÊME (d'après).

21 — Jésus-Christ au jardin des Oliviers.
> Sur métal.—Haut. 0 m. 41 c. Larg. 0 m. 33 m.

FETI (Dominico).

22 — La Mélancolie.
>Toile.—Haut. 0 m. 56 c. Larg. 0 m. 40 c.

GIORDANO (Luca).

23 — Caïn et Abel.
>Toile.—Haut. 0 m. 91 c. Larg. 0 m. 75 c.

GUARDI (François).

24 — Deux Paysages avec ruines et figures. Pendants.
>Toile.—Haut. 0 m. 36 c. Larg. 0 m. 40 c.

GUIDE (École).

25 — Têtes du Christ et de saint Jean.
>Toile.—Haut. 0 m. 49 c. Larg. 0 m. 66 c.

LANFRANCO (Jean).

26 — Saint Jérôme.
>Toile.—Haut. 1 m. 24 c. Larg. 0 m. 98 c.

LANINO (Bernardin).

27 — Jésus-Christ mort sur les genoux de sa mère.
>Toile.—Haut. 0 m. 99 c. Larg. 1 m. 20 c.

LIPPI (Philippe).

28 — La Vierge et l'Enfant-Jésus.
>Bois.—Haut. 0 m. 53 c. Larg. 0 m. 44 c.

MARATTI (Carle).

29 — Sainte Famille.
>Cuivre.

MICHEL-ANGE AMERIGHI, dit le CARAVAGE.

30 — Incrédulité de saint Thomas.
>Toile.—Haut. 1 m. 6 c. Larg. 1 m. 26 c.

DU MÊME.

31 — Mise au tombeau.
>Toile.—Haut. 0 m. 42 c. Larg. 0 m. 52 c.

MOLA (Pierre-François).

32 — Saint Jean annonçant la venue du Sauveur.
>Toile.—Haut. 0 m. 98 c. Larg. 0 m. 73 c.

DU MÊME.

33 — Prédication du Christ. Pendant du précédent.
>Même grandeur.

MURILLO (Barthélemy-Esteban).

33 — Portrait d'une vieille femme.
>Toile.—Haut. 0 m. 54 c. Larg. 0 m. 44 c.

PRIMATICE (François).

35 — La Foi, l'Espérance et la Charité entourées d'anges.
La Foi est représentée par Diane de Poitiers.
>Toile.—Haut. 1 m 68 c. Larg. 1 m. 74 c.

QUAINI (Louis).

36 — Paysans en goguette. Paysage.
>Toile.—Haut. 0 m. 75 c. Larg. 0 m. 96 c.

DU MÊME.

37 — Scène villageoise. Pendant du précédent.
>Toile.—Même grandeur.

RIBERA (Joseph), dit L'ESPAGNOLET.

38 — Tête d'homme chauve.
>Sur carton.—Haut. 0 m. 35 c. Larg. 0 m. 29 c.

DU MÊME.

39 — Portrait d'un évêque.
>Toile.—Haut. 0 m. 99 c. Larg. 0 m. 73 c.

ROBUSTI (Jacques), dit le TINTORET.

40 — Le Jugement dernier. Ebauche.
>Toile.—Haut. 0 m. 89 c. Larg. 0 m. 54 c.

RUSCA (le chevalier).

41 — Tête de vieille femme.
>Toile.—Haut. 0 m. 51 c. Larg. 0 m. 38 c.

DU MÊME.

42 — Tête de vieillard. Pendant du précédent.
>Toile.—Même grandeur.

SALVATOR ROSA.

43 — Tempête sur mer. Barques et figures.
>Toile.—Haut. 0 m. 56 c. Larg. 0 m. 74 c.

DU MÊME.

44 — Guerrier à cheval.
>Toile.

DU MÊME.

45 — Quatre guerriers à cheval. Pendant du précédent.

SCHIDONE (Barthélemy).

46 — Saint Jean-Baptiste.

Toile.—Haut. 0 m. 64 c. Larg. 0 m. 48 c.

SISTO (César de), dit le MILANÈSE.

47 — Jésus et saint Jean enfants. Paysages.

Bois.—Haut. 0 m. 80 c. Larg. 0 m. 60 c.

Ce tableau est renfermé dans une caisse à deux battants, recouverte d'arabesques.

SIRANI (Elisabeth).

48 — Les trois Marie et Joseph d'Arimathie pleurant au sépulcre de Jésus-Christ.

Toile.—Haut. 0 m. 75 c. Larg. 0 m. 93 c.

STROZZI (Bernard).

49 — Portrait d'un vieille dame de qualité.

Haut. 1 m. Larg. 0 m. 78 c.

TIEPOLO (Jean-Baptiste).

50 — Evanouissement d'Esther.

Toile.—Haut. 0 m. 75 c. Larg. 0 m. 57.

TISIO (Benvenuto), dit le GAROFOLO.

51 — Sainte Famille visitée par deux anges.

Bois.—Haut. 0 m. 42 c. Larg. 0 m. 59 c.

VASARI (George).

52 — Descente de croix. Effet de lumière.
Toile.—Haut. 0 m. 99. Larg. 0 m. 70 c.

VÉLASQUEZ (attribué à).

53 — Portrait d'une dame espagnole.
Toile.—Haut. 1 m. 2 c. Larg. 0 m. 83 c.

VÉLASQUEZ (d'après).

54 — Portrait de don Diego Olivarès.
Toile.—Haut. 0 m. 59 c. Larg. 0 m. 48 c.

ZAMPIERI (Dominique), dit le DOMINIQUIN.

55 — Deux têtes d'anges. Etude.
Toile.

ZUCCARELLI (François).

56 — Paysage avec rivière, figures et animaux.
Toile.—Haut. 0 m. 45 c. Larg. 0 m. 60 c.

ZENALE (Bernardin), signé.

57 — La Salutation angélique.
Toile partagée en deux parties.—Haut. 2 m. 22 c. Larg. 1 m. 90 c.

ÉCOLE ITALIENNE.

58 — Tête du Sauveur, avec l'inscription suivante : *Vera expressio vivae illius imaginis Salvatoris nostri Dom. Jesus-Christi quae Romae ad. D. Behan Luseran conspicitur.*

Bois.—Haut. 0 m. 36 c. Larg. 0 m. 28 c.

DE LA MÊME.

59 — Saint Joseph présentant l'Enfant-Jésus à saint Jean.

Toile.—Haut. 0 m. 95 c. Larg. 1 m. 25 c.

60 — Portrait d'une jeune dame.

Toile.—Haut. 0 m. 48 c. Larg. 0 m. 40 c.

61 — Nature morte. Deux pendants.

Toile.—Haut. 0 m. 40 c. Larg. 0 m. 50 c.

62 — La Vierge et l'Enfant-Jésus entourés de saints personnages.

Haut. 1 m. 49 c. Larg. 1 m. 23.

ÉCOLE ESPAGNOLE.

63 — L'Annonciation de la Vierge.

Toile.—Haut. 0 m. 53 c. Larg. 0 m. 78 c.

64 — Enfant nu assis sur un rocher.
>Toile.— Haut. 0 m. 52 c. Larg. 0 m. 42 c.

65 — Même sujet. Pendant du précédent.
>Même grandeur.

Écoles Allemande et Anglaise.

CRANACH (Luc-Sunder), le Vieux,

Avec le dragon pour monogramme, daté 1535.

67 — Lucrèce.
> Bois.—Haut. 0 m. 75 c. Larg. 0 m. 49 c.

DENNER (Balthazar).

68 — Une vieille femme pesant de l'or.
> Toile.—Haut. 0 m. 81 c. Larg. 0 m. 64 c.

DIETRICH (Chrétien-Gust.).

69 — Jeune fille entourée de fleurs.
> Toile.—Haut. 0 m. 40 c. Larg. 0 m. 30 c.

DU MÊME.

70 — Une jeune fille lisant une lettre.
> Bois.

DU MÊME.

71 — Jeune fille tenant un bouquet de fleurs. Pendant du précédent.

DU MÊME.

72 — Vieillard à barbe blanche.
Bois.

DU MÊME.

73 — Clair de lune.
Tôle.

DORNER (Jacques).

74 — L'Arracheur de dents.
Miniature sur parchemin.

DU MÊME.

75 — L'Oculiste. Pendant du précédent.
Miniature sur parchemin.

DURER (Albert).

76 — Le Joueur de musette.
Gravé par lui-même avec quelques variantes.
Sur parchemin collé sur bois.

FERGUSON.

77 — Nature morte. Oiseaux, etc., etc.

Toile—Haut. 0 m. 51. c. Larg. 0 m. 46 c.

GRUNEWALD (Mathieu).

78 — Le Christ entre les bras de sa mère et de Joseph d'Arimathie.

Bois.—Haut. 0 m. 70 c. Larg. 0 m. 57 c.

HOGARTH (Guillaume).

79 — Un Mendiant.
Une Mendiante.

Tous deux sont représentés avec une écuelle à la main.
Deux études formant pendants.

Marouflé.

JUNCKER (Juste), signé.

80 — Intérieur de cuisine.

Bois.—Haut. 0 m. 35 c. Larg. 0 m. 30 c.

DU MÊME.

81 — Même sujet. Pendant du précédent.

Bois.—Même grandeur.

KOBELL (Guillaume), signé.

82 — Un Maréchal ferrant. Paysage.
Toile.—Haut. 0 m. 38 c. Larg. 0 m. 3?.

KUPETZKI (Jean).

83 — Portrait d'homme.
Toile.—Haut. 0 m. 53 c. Larg. 0 m. 45 c.

DU MÊME.

84 — Même sujet. Pendant du précédent.
Même grandeur.

DU MÊME.

85 — Buste de paysan.
Toile.—Haut. 0 m. 55 c. Larg. 0 m. 46 c.

DU MÊME.

86 — Portrait d'homme tenant un verre à la main.
Toile.—Haut. 0 m. 76 c. Larg. 0 m. 61 c.

LAMPI.

87 — Portrait de l'Impératrice de Russie Catherine II.
Toile.—Haut. 0 m. 84 c. Larg. 0 m. 68 c.

PESNE (Antoine).

88 — Portrait de Frédéric-le-Grand, vu de profil. Grisaille.

Toile.—Haut. 0 m. 53 c. Larg. 0 m. 38 c.

DU MÊME.

89 — Portrait du prince Henri de Prusse, frère de Frédéric-le-Grand.

Toile.—Haut. 0 m. 93 c. Larg. 0 m. 75 c.

PEINS (Grégoire), dit George PENS.

90 — Portrait d'homme.

Bois.—Haut. 0 m. 54 c. Larg. 0 m. 40 c.

RODE (Chrétien-Bernard).

91 — Sujet mythologique.

Bois.

ROOS (Henri), de Francfort.

92 — Un Pâtre gardant des bœufs et des moutons. Paysage.

Bois.

DU MÊME.

93 — Même sujet. Pendant du précédent.

Bois.

ROOS (Jean-Henri).

94 — Paysage avec ruines, figures et animaux.
> Toile.— Haut. 0 m. 68 c. Larg. 0 m. 90 c.

ROSE, de Tivoli.

95 — Paysage avec figures et animaux.
> Toile.—Haut. 0 m. 41 c. Larg. 0 m 54 c.

DU MÊME.

96 — Paysage montagneux, avec chute d'eau, figures et animaux.
> Toile.—Haut. 0 m. 67 c. Larg. 0 m. 54 c.

ROSS (Joseph).

97 — Paysage avec figures et animaux.
> Toile.—Haut. 0 m. 55 c. Larg. 0 m. 67 c.

RUGENDAS (Ph.).

98 — Un Cheval en liberté.
> Toile.—Haut. 0 m. 41 c. Larg. 0 m. 50 c.

SCHUZ jeune, signé.

99 — Deux Paysages avec figures. Pendants.
> Bois.

TASSAUER.

100 — Trois Mendiants dans un paysage.
    Bois.

DU MÊME.

101 — Un Coq et deux poules.
    Bois.

WOHLGEMULH (Michel), Attribué.

Avec le monogramme daté 1523.

102 — Tête de vieille femme.
    Toile.

ÉCOLE ALLEMANDE.

103 — Deux petits paysages avec rivière et figures. Pendants
    Bois.

104 — Deux petits paysages.
    Toile.

Ecole française.

BOUCHER (François).

105 — Un enfant jouant avec un agneau. Paysage.
>Bois.

DU MÊME.

106 — Un enfant jouant avec deux pigeons. Pendant du précédent.
>Bois.

DU MÊME.

107 — Jeune fille nue assise.
>Pastel.

DU MÊME.

108 — La Peinture. Allégorie.
>Bois.—Haut. 0 m. 34 c. Larg. 0 m. 35 c.
>
>Gravé par Huquier.

BOUCHER (attribué à).

109 — Jupiter et Danaé.
>Toile ovale.—Haut. 0 m. 59 c. Larg. 0 m. 75 c.

CALLOT (Jacques).

110 — Halte et campement de Bohémiens.
>Bois.
>Gravé par le peintre.

CHARDIN (J.-B.).

111 — Nature morte. Attirail de chasse gardé par un chien dans un paysage.
>Toile.

DU MÊME.

112 — Même sujet. Pendant du précédent.

DU MÊME.

113 — La Souricière.
>Bois.

DU MÊME.

114 — Tête de jeune homme.
>Toile.—Haut. 0 m. 44 c. Larg. 0 m. 34 c.

DETROY (J.-F.).

115 — Une jeune fille tenant un oiseau.

Cuivre.

DU MÊME.

116 — Un jeune garçon avec du raisin. Pendant du précédent.

Cuivre.

GREUZE (J.-B.).

117 — L'Aveugle trompé.

Toile.—Haut. 0 m. 40 c. Larg. 0 m. 32 c.

Gravé par Cars.

LEBRUN (Charles).

118 — L'Assemblée des Dieux.

Toile.—Haut. 0 m. 60 c. Larg. 0 m. 71 c.

LEMOINE (François).

119 — Hercule et Omphale.

Toile.—Haut. 0 m. 41 c. Larg. 0 m. 33 c.

LESUEUR (Eustache).

120 — La Vision de Zacharie.

Toile.—Haut. 0 m. 59 c. Larg. 0 m. 50 c.

DU MÊME.

121 — Caïn après son crime.
>Toile.—Haut. 0 m. 83 c. Larg. 0 m. 63 c.

MIGNARD (François).

122 — Pomone. Paysage.
>Toile. - Haut. 0 m. 81 c. Larg. 0 m. 65 c.

DU MÊME.

123 — Vénus et l'Amour. Pendant du précédent.
>Même grandeur

MONOYER (J.-B.).

124 — Fleurs.
>Toile.—Haut. 0 m. 97 c. Larg. 0 m. 74 c.

NATOIRE (Charles).

125 — Les Quatre Saisons.
>Allégorie rendue par quatre groupes d'enfants nus.
>Bois.
>Ces quatre tableaux ont été gravés à l'eau forte par Natoire.

PIERRE LE VIEIL.

126 — Tête de vieillard.
>Toile.—Haut. 0 m. 55 c. Larg. 0 m. 45 c.

POUSSIN (Nicolas).

127 — Deux enfants avec un agneau. Paysage.
>Toile.—Haut 0 m. 61 c. Larg. 0 m. 53 c.

ROUSSEAU (Jacques).

128 — Grand arc-de-triomphe, avec beaucoup de figures.
Elles sont attribuées à Watteau.
>Toile.—Haut. 1 m. 9 c. Larg. 1 m. 41 c.

SANTERRE (J.-B.).

129 — Une jeune fille lisant une lettre. Effet de lumière.
>Bois.

SUBLEYRAS (Pierre).

130 — Diane et Calisto.
>Toile.—Haut. 1 m. 40 c. Larg. 1 m. 53 c.

VANLOO (Charles).

131 — Diane et Endymion.
>Toile.—Haut. 0 m. 70 c. Larg. 0 m. 81 c.

VOUET (Simon).

132 — Madeleine expirant dans les bras de deux Anges.
>Toile.—Haut. 1 m. 7 c. Larg. 0 m. 83 c.

WATTEAU (Antoine).

133 — Danse dans un parc.

Toile.—Haut. 0 m. 34 c. Larg. 0 m. 42 c.

DU MÊME.

134 — Même sujet. Pendant du précédent.

Même grandeur.

DU MÊME.

135 — Les Suites d'un duel. Paysages avec figures et un cheval blanc.

Toile.—Haut. 0 m. 35 c. Larg. 0 m. 29 c.

DU MÊME.

136 — Payage avec figures. Pendant du précédent.

Même grandeur.

WATTEAU (J.-A.).

137 — Portrait d'une jeune dame.

Toile.—Haut. 0 m 53 c. Larg. 0 m. 41 c.

INCONNU.

138 — La Vierge et l'Enfant Jésus.

Bois.

Maulde et Renou, Imprimeurs de la Compagnie des Commissaires-Priseurs,
8202 rue de Rivoli prolongée, au coin de celle de l'Arbre-Sec

www.ingramcontent.com/pod-product-compliance
Lightning Source LLC
Chambersburg PA
CBHW030107230526
45471CB00003B/1295